Heimgesetz (HeimG)

Outlook

Heimgesetz (HeimG)

1. Auflage | ISBN: 978-3-73261-697-8

Erscheinungsort: Paderborn, Deutschland

Erscheinungsjahr: 2017

Outlook Verlag GmbH, Paderborn.

Text des Heimgesetz (HeimG), Stand: 30.08.2017.

Heimgesetz (HeimG)

Outlook

Heimgesetz (HeimG)

HeimG

Ausfertigungsdatum: 07.08.1974

Vollzitat:

"Heimgesetz in der Fassung der Bekanntmachung vom 5. November 2001 (BGBl. I S. 2970), das zuletzt durch Artikel 3 Satz 2 des Gesetzes vom 29. Juli 2009 (BGBl. I S. 2319) geändert worden ist"

Stand: Neugefasst durch Bek. v. 5.11.2001 I 2970;

Zuletzt geändert durch Art. 3 Satz 2 G v. 29.7.2009 I 2319

Fußnote

(+++ Maßgaben aufgrund des EinigVtr vgl. HeimG Anhang EV +++)

Inhaltsübersicht

§ 1 Anwendungsbereich

(1) Dieses Gesetz gilt für Heime. Heime im Sinne dieses Gesetzes sind Einrichtungen, die dem Zweck dienen, ältere Menschen oder pflegebedürftige oder behinderte Volljährige aufzunehmen, ihnen Wohnraum zu überlassen sowie Betreuung und Verpflegung zur Verfügung zu stellen oder vorzuhalten, und die in ihrem Bestand von Wechsel und Zahl der Bewohnerinnen und Bewohner unabhängig sind und entgeltlich betrieben werden.

(2) Die Tatsache, dass ein Vermieter von Wohnraum durch Verträge mit Dritten oder auf andere Weise sicherstellt, dass den Mietern Betreuung und Verpflegung angeboten werden, begründet allein nicht die Anwendung dieses Gesetzes. Dies gilt auch dann, wenn die Mieter vertraglich verpflichtet sind, allgemeine Betreuungsleistungen wie Notrufdienste oder Vermittlung von Dienst- und Pflegeleistungen von bestimmten Anbietern anzunehmen und das Entgelt hierfür im Verhältnis zur Miete von untergeordneter Bedeutung ist. Dieses Gesetz ist anzuwenden, wenn die Mieter vertraglich verpflichtet sind, Verpflegung und weitergehende Betreuungsleistungen von bestimmten Anbietern anzunehmen.

(3) Auf Heime oder Teile von Heimen im Sinne des Absatzes 1, die der vorübergehenden Aufnahme Volljähriger dienen (Kurzzeitheime), sowie auf stationäre Hospize finden die §§ 6, 7, 10 und 14 Abs. 2 Nr. 3 und 4, Abs. 3, 4 und 7 keine Anwendung. Nehmen die Heime nach Satz 1 in der Regel mindestens sechs Personen auf, findet § 10 mit der Maßgabe Anwendung, dass ein Heimfürsprecher zu bestellen ist.

(4) Als vorübergehend im Sinne dieses Gesetzes ist ein Zeitraum von bis zu drei Monaten anzusehen.

(5) Dieses Gesetz gilt auch für Einrichtungen der Tages- und der Nachtpflege mit Ausnahme der §§ 10 und 14 Abs. 2 Nr. 3 und 4, Abs. 3, 4 und 7. Nimmt die Einrichtung in der Regel mindestens sechs Personen auf, findet § 10 mit der Maßgabe Anwendung, dass ein Heimfürsprecher zu bestellen ist.

(6) Dieses Gesetz gilt nicht für Krankenhäuser im Sinne des § 2 Nr. 1 des Krankenhausfinanzierungsgesetzes. In Einrichtungen zur Rehabilitation gilt dieses Gesetz für die Teile, die die Voraussetzungen des Absatzes 1 erfüllen. Dieses Gesetz gilt nicht für Internate der Berufsbildungs- und Berufsförderungswerke.

§ 2 Zweck des Gesetzes

(1) Zweck des Gesetzes ist es,

1. die Würde sowie die Interessen und Bedürfnisse der Bewohnerinnen und Bewohner von Heimen vor Beeinträchtigungen zu schützen,

2. die Selbständigkeit, die Selbstbestimmung und die Selbstverantwortung der Bewohnerinnen und Bewohner zu wahren und zu fördern,

3. die Einhaltung der dem Träger des Heims (Träger) gegenüber den Bewohnerinnen und Bewohnern obliegenden Pflichten zu sichern,

4. die Mitwirkung der Bewohnerinnen und Bewohner zu sichern,

5. eine dem allgemein anerkannten Stand der fachlichen Erkenntnisse entsprechende Qualität des Wohnens und der Betreuung zu sichern,

6. die Beratung in Heimangelegenheiten zu fördern sowie

7. die Zusammenarbeit der für die Durchführung dieses Gesetzes zuständigen Behörden mit den Trägern und deren Verbänden, den Pflegekassen, dem Medizinischen Dienst der Krankenversicherung sowie den Trägern der Sozialhilfe zu fördern.

(2) Die Selbständigkeit der Träger in Zielsetzung und Durchführung ihrer Aufgaben bleibt unberührt.

§ 3 Leistungen des Heims, Rechtsverordnungen

(1) Die Heime sind verpflichtet, ihre Leistungen nach dem jeweils allgemein anerkannten Stand fachlicher Erkenntnisse zu erbringen.

(2) Zur Durchführung des § 2 kann das Bundesministerium für Familie, Senioren, Frauen und Jugend im Einvernehmen mit dem Bundesministerium für Wirtschaft und Technologie, dem Bundesministerium für Verkehr, Bau und Stadtentwicklung und dem Bundesministerium für Gesundheit durch Rechtsverordnung mit Zustimmung des Bundesrates dem allgemein anerkannten Stand der fachlichen Erkenntnisse entsprechende Regelungen (Mindestanforderungen) erlassen

1. für die Räume, insbesondere die Wohn-, Aufenthalts-, Therapie- und Wirtschaftsräume sowie die Verkehrsflächen, sanitären Anlagen und die technischen Einrichtungen,

2. für die Eignung der Leitung des Heims (Leitung) und der Beschäftigten.

§ 4 Beratung

Die zuständigen Behörden informieren und beraten

1. die Bewohnerinnen und Bewohner sowie die Heimbeiräte und Heimfürsprecher über ihre Rechte und Pflichten,

2. Personen, die ein berechtigtes Interesse haben, über Heime im Sinne des § 1 und über die Rechte und Pflichten der Träger und der Bewohnerinnen und Bewohner solcher Heime und

3. auf Antrag Personen und Träger, die die Schaffung von Heimen im Sinne des § 1 anstreben oder derartige Heime betreiben, bei der Planung und dem Betrieb der Heime.

§§ 5 bis 9 (weggefallen)

-

§ 10 Mitwirkung der Bewohnerinnen und Bewohner

(1) Die Bewohnerinnen und Bewohner wirken durch einen Heimbeirat in Angelegenheiten des Heimbetriebs wie Unterkunft, Betreuung, Aufenthaltsbedingungen, Heimordnung, Verpflegung und Freizeitgestaltung mit. Die Mitwirkung bezieht sich auch auf die Sicherung einer angemessenen Qualität der Betreuung im Heim und auf die Leistungs-, Vergütungs-, Qualitäts- und Prüfungsvereinbarungen nach § 7 Abs. 4 und 5. Sie ist auf die Verwaltung sowie die Geschäfts- und Wirtschaftsführung des Heims zu erstrecken, wenn Leistungen im Sinne des § 14 Abs. 2 Nr. 3 erbracht worden sind. Der Heimbeirat kann bei der Wahrnehmung seiner Aufgaben und Rechte fach-

und sachkundige Personen seines Vertrauens hinzuziehen. Diese sind zur Verschwiegenheit verpflichtet.

(2) Die für die Durchführung dieses Gesetzes zuständigen Behörden fördern die Unterrichtung der Bewohnerinnen und Bewohner und der Mitglieder von Heimbeiräten über die Wahl und die Befugnisse sowie die Möglichkeiten des Heimbeirats, die Interessen der Bewohnerinnen und Bewohner in Angelegenheiten des Heimbetriebs zur Geltung zu bringen.

(3) Der Heimbeirat soll mindestens einmal im Jahr die Bewohnerinnen und Bewohner zu einer Versammlung einladen, zu der jede Bewohnerin oder jeder Bewohner eine Vertrauensperson beiziehen kann. Näheres kann in der Rechtsverordnung nach Absatz 5 geregelt werden.

(4) Für die Zeit, in der ein Heimbeirat nicht gebildet werden kann, werden seine Aufgaben durch einen Heimfürsprecher wahrgenommen. Seine Tätigkeit ist unentgeltlich und ehrenamtlich. Der Heimfürsprecher wird im Benehmen mit der Heimleitung von der zuständigen Behörde bestellt. Die Bewohnerinnen und Bewohner des Heims oder deren gesetzliche Vertreter können der zuständigen Behörde Vorschläge zur Auswahl des Heimfürsprechers unterbreiten. Die zuständige Behörde kann von der Bestellung eines Heimfürsprechers absehen, wenn die Mitwirkung der Bewohnerinnen und Bewohner auf andere Weise gewährleistet ist.

(5) Das Bundesministerium für Familie, Senioren, Frauen und Jugend erlässt im Einvernehmen mit dem Bundesministerium für Gesundheit durch Rechtsverordnung mit Zustimmung des Bundesrates Regelungen über die Wahl des Heimbeirats und die Bestellung des Heimfürsprechers sowie über Art, Umfang und Form ihrer Mitwirkung. In der Rechtsverordnung ist vorzusehen, dass auch Angehörige und sonstige Vertrauenspersonen der Bewohnerinnen und Bewohner, von der zuständigen Behörde vorgeschlagene Personen sowie Mitglieder der örtlichen Seniorenvertretungen und Mitglieder von örtlichen Behindertenorganisationen in angemessenem Umfang in den Heimbeirat gewählt werden können.

§ 11 Anforderungen an den Betrieb eines Heims

(1) Ein Heim darf nur betrieben werden, wenn der Träger und die Leitung

1. die Würde sowie die Interessen und Bedürfnisse der Bewohnerinnen und Bewohner vor Beeinträchtigungen schützen,

2. die Selbständigkeit, die Selbstbestimmung und die Selbstverantwortung der Bewohnerinnen und Bewohner wahren und fördern, insbesondere bei behinderten Menschen die sozialpädagogische Betreuung und heilpädagogische Förderung sowie bei Pflegebedürftigen eine humane und aktivierende Pflege unter Achtung der Menschenwürde gewährleisten,

3. eine angemessene Qualität der Betreuung der Bewohnerinnen und Bewohner, auch soweit sie pflegebedürftig sind, in dem Heim selbst oder in angemessener anderer Weise einschließlich der Pflege nach dem allgemein anerkannten Stand medizinisch-pflegerischer Erkenntnisse sowie die ärztliche und gesundheitliche Betreuung sichern,

4. die Eingliederung behinderter Menschen fördern,

5. den Bewohnerinnen und Bewohnern eine nach Art und Umfang ihrer Betreuungsbedürftigkeit angemessene Lebensgestaltung ermöglichen und die erforderlichen Hilfen gewähren,

6. die hauswirtschaftliche Versorgung sowie eine angemessene Qualität des Wohnens erbringen,

7. sicherstellen, dass für pflegebedürftige Bewohnerinnen und Bewohner Pflegeplanungen aufgestellt und deren Umsetzung aufgezeichnet werden,

8. gewährleisten, dass in Einrichtungen der Behindertenhilfe für die Bewohnerinnen und Bewohner Förder- und Hilfepläne aufgestellt und deren Umsetzung aufgezeichnet werden,

9. einen ausreichenden Schutz der Bewohnerinnen und Bewohner vor Infektionen gewährleisten und sicherstellen, dass von den Beschäftigten die für ihren Aufgabenbereich einschlägigen Anforderungen der Hygiene eingehalten werden, und

10. sicherstellen, dass die Arzneimittel bewohnerbezogen und ordnungsgemäß aufbewahrt und die in der Pflege tätigen Mitarbeiterinnen und Mitarbeiter mindestens einmal im Jahr über den sachgerechten Umgang mit Arzneimitteln beraten werden.

(2) Ein Heim darf nur betrieben werden, wenn der Träger

1. die notwendige Zuverlässigkeit, insbesondere die wirtschaftliche Leistungsfähigkeit zum Betrieb des Heims, besitzt,

2. sicherstellt, dass die Zahl der Beschäftigten und ihre persönliche und fachliche Eignung für die von ihnen zu leistende Tätigkeit ausreicht,

3. angemessene Entgelte verlangt und

4. ein Qualitätsmanagement betreibt.

(3) Ein Heim darf nur betrieben werden, wenn

1. die Einhaltung der in den Rechtsverordnungen nach § 3 enthaltenen Regelungen gewährleistet ist,

2. die vertraglichen Leistungen erbracht werden und

3. die Einhaltung der nach § 14 Abs. 7 erlassenen Vorschriften gewährleistet ist.

(4) Bestehen Zweifel daran, dass die Anforderungen an den Betrieb eines Heims erfüllt sind, ist die zuständige Behörde berechtigt und verpflichtet, die notwendigen Maßnahmen zur Aufklärung zu ergreifen.

§ 12 Anzeige

(1) Wer den Betrieb eines Heims aufnehmen will, hat darzulegen, dass er die Anforderungen nach § 11 Abs. 1 bis 3 erfüllt. Zu diesem Zweck hat er seine Absicht spätestens drei Monate vor der vorgesehenen Inbetriebnahme der zuständigen Behörde anzuzeigen. Die Anzeige muss insbesondere folgende weitere Angaben enthalten:

1. den vorgesehenen Zeitpunkt der Betriebsaufnahme,

2. die Namen und die Anschriften des Trägers und des Heims,

3. die Nutzungsart des Heims und der Räume sowie deren Lage, Zahl und Größe und die vorgesehene Belegung der Wohnräume,

4. die vorgesehene Zahl der Mitarbeiterstellen,

5. den Namen, die berufliche Ausbildung und den Werdegang der Heimleitung und bei Pflegeheimen auch der Pflegedienstleitung sowie die Namen und die berufliche Ausbildung der Betreuungskräfte,

6. die allgemeine Leistungsbeschreibung sowie die Konzeption des Heims,

7. einen Versorgungsvertrag nach § 72 sowie eine Leistungs- und Qualitätsvereinbarung nach § 80a des Elften Buches Sozialgesetzbuch oder die Erklärung, ob ein solcher Versorgungsvertrag oder eine solche Leistungs- und Qualitätsvereinbarung angestrebt werden,

8. die Vereinbarungen nach § 75 Abs. 3 des Zwölften Buches Sozialgesetzbuch oder die Erklärung, ob solche Vereinbarungen angestrebt werden,

9. die Einzelvereinbarungen aufgrund § 39a des Fünften Buches Sozialgesetzbuch oder die Erklärung, ob solche Vereinbarungen angestrebt werden,

10. die Unterlagen zur Finanzierung der Investitionskosten,

11. ein Muster der Heimverträge sowie sonstiger verwendeter Verträge,

12. die Satzung oder einen Gesellschaftsvertrag des Trägers sowie

13. die Heimordnung, soweit eine solche vorhanden ist.

(2) Die zuständige Behörde kann weitere Angaben verlangen, soweit sie zur zweckgerichteten Aufgabenerfüllung erforderlich sind. Stehen die Leitung, die Pflegedienstleitung oder die Betreuungskräfte zum Zeitpunkt der Anzeige noch nicht fest, ist die Mitteilung zum frühestmöglichen Zeitpunkt, spätestens vor Aufnahme des Heimbetriebs, nachzuholen.

(3) Der zuständigen Behörde sind unverzüglich Änderungen anzuzeigen, die Angaben gemäß Absatz 1 betreffen.

(4) Wer den Betrieb eines Heims ganz oder teilweise einzustellen oder wer die Vertragsbedingungen wesentlich zu ändern beabsichtigt, hat dies unverzüglich der zuständigen Behörde gemäß Satz 2 anzuzeigen. Mit der Anzeige sind Angaben über die nachgewiesene Unterkunft und Betreuung der Bewohnerinnen und Bewohner und die geplante ordnungsgemäße Abwicklung der Vertragsverhältnisse mit den Bewohnerinnen und Bewohnern zu verbinden.

§ 13 Aufzeichnungs- und Aufbewahrungspflicht

(1) Der Träger hat nach den Grundsätzen einer ordnungsgemäßen Buch- und Aktenführung Aufzeichnungen über den Betrieb zu machen und die Qualitätssicherungsmaßnahmen und deren Ergebnisse so zu dokumentieren, dass sich aus ihnen der ordnungsgemäße Betrieb des Heims ergibt. Insbesondere muss ersichtlich werden:

1. die wirtschaftliche und finanzielle Lage des Heims,

2. die Nutzungsart, die Lage, die Zahl und die Größe der Räume sowie die Belegung der Wohnräume,

3. der Name, der Vorname, das Geburtsdatum, die Anschrift und die Ausbildung der Beschäftigten, deren regelmäßige Arbeitszeit, die von ihnen in dem Heim ausgeübte Tätigkeit und die Dauer des Beschäftigungsverhältnisses sowie die Dienstpläne,

4. der Name, der Vorname, das Geburtsdatum, das Geschlecht, der Betreuungsbedarf der Bewohnerinnen und Bewohner sowie bei pflegebedürftigen Bewohnerinnen und Bewohnern die Pflegestufe,

5. der Erhalt, die Aufbewahrung und die Verabreichung von Arzneimitteln einschließlich der pharmazeutischen Überprüfung der Arzneimittelvorräte und der Unterweisung der Mitarbeiterinnen und Mitarbeiter über den sachgerechten Umgang mit Arzneimitteln,

6. die Pflegeplanungen und die Pflegeverläufe für pflegebedürftige Bewohnerinnen und Bewohner,

7. für Bewohnerinnen und Bewohner von Einrichtungen der Behindertenhilfe Förder- und Hilfepläne einschließlich deren Umsetzung,

8. die Maßnahmen zur Qualitätsentwicklung sowie zur Qualitätssicherung,

9. die freiheitsbeschränkenden und die freiheitsentziehenden Maßnahmen bei Bewohnerinnen und Bewohnern sowie der Angabe des für die Anordnung der Maßnahme Verantwortlichen,

10. die für die Bewohnerinnen und Bewohner verwalteten Gelder oder Wertsachen.

Betreibt der Träger mehr als ein Heim, sind für jedes Heim gesonderte Aufzeichnungen zu machen. Dem Träger bleibt es vorbehalten, seine wirtschaftliche und finanzielle Situation durch Vorlage der im Rahmen der Pflegebuchführungsverordnung geforderten Bilanz sowie der Gewinn- und Verlustrechnung nachzuweisen. Aufzeichnungen, die für andere Stellen als die zuständige Behörde angelegt worden sind, können zur Erfüllung der Anforderungen des Satzes 1 verwendet werden.

(2) Der Träger hat die Aufzeichnungen nach Absatz 1 sowie die sonstigen Unterlagen und Belege über den Betrieb eines Heims fünf Jahre aufzubewahren. Danach sind sie zu löschen. Die Aufzeichnungen nach Absatz 1 sind, soweit sie personenbezogene Daten enthalten, so aufzubewahren, dass nur Berechtigte Zugang haben.

(3) Das Bundesministerium für Familie, Senioren, Frauen und Jugend legt im Einvernehmen mit dem Bundesministerium für Gesundheit durch Rechtsverordnung mit Zustimmung des Bundesrates Art und Umfang der in den Absätzen 1 und 2 genannten Pflichten und das einzuhaltende Verfahren näher fest.

(4) Weitergehende Pflichten des Trägers eines Heims nach anderen Vorschriften oder aufgrund von Pflegesatzvereinbarungen oder Vereinbarungen nach § 75 Abs. 3 des Zwölften Buches Sozialgesetzbuch bleiben unberührt.

§ 14 Leistungen an Träger und Beschäftigte

(1) Dem Träger ist es untersagt, sich von oder zugunsten von Bewohnerinnen und Bewohnern oder den Bewerberinnen und Bewerbern um einen Heimplatz Geld- oder geldwerte Leistungen über das nach § 5 vereinbarte Entgelt hinaus versprechen oder gewähren zu lassen.

(2) Dies gilt nicht, wenn

1. andere als die in § 5 aufgeführten Leistungen des Trägers abgegolten werden,

2. geringwertige Aufmerksamkeiten versprochen oder gewährt werden,

3. Leistungen im Hinblick auf die Überlassung eines Heimplatzes zum Bau, zum Erwerb, zur Instandsetzung, zur Ausstattung oder zum Betrieb des Heims versprochen oder gewährt werden,

4. (weggefallen)

(3) Leistungen im Sinne des Absatzes 2 Nr. 3 sind zurückzugewähren, soweit sie nicht mit dem Entgelt verrechnet worden sind. Sie sind vom Zeitpunkt ihrer Gewährung an mit mindestens 4 vom Hundert

für das Jahr zu verzinsen, soweit der Vorteil der Kapitalnutzung bei der Bemessung des Entgelts nicht berücksichtigt worden ist. Die Verzinsung oder der Vorteil der Kapitalnutzung bei der Bemessung des Entgelts sind der Bewohnerin oder dem Bewohner gegenüber durch jährliche Abrechnungen nachzuweisen. Die Sätze 1 bis 3 gelten auch für Leistungen, die von oder zugunsten von Bewerberinnen und Bewerbern erbracht worden sind.

(4) (weggefallen)

(5) Der Leitung, den Beschäftigten oder sonstigen Mitarbeiterinnen oder Mitarbeitern des Heims ist es untersagt, sich von oder zugunsten von Bewohnerinnen und Bewohnern neben der vom Träger erbrachten Vergütung Geld- oder geldwerte Leistungen für die Erfüllung der Pflichten aus dem Heimvertrag versprechen oder gewähren zu lassen. Dies gilt nicht, soweit es sich um geringwertige Aufmerksamkeiten handelt.

(6) Die zuständige Behörde kann in Einzelfällen Ausnahmen von den Verboten der Absätze 1 und 5 zulassen, soweit der Schutz der Bewohnerinnen und Bewohner die Aufrechterhaltung der Verbote nicht erfordert und die Leistungen noch nicht versprochen oder gewährt worden sind.

(7) (weggefallen)

(8) (weggefallen)

§ 15 Überwachung

(1) Die Heime werden von den zuständigen Behörden durch wiederkehrende oder anlassbezogene Prüfungen überwacht. Die Prüfungen können jederzeit angemeldet oder unangemeldet erfolgen. Prüfungen zur Nachtzeit sind nur zulässig, wenn und soweit das Überwachungsziel zu anderen Zeiten nicht erreicht werden kann. Die Heime werden daraufhin überprüft, ob sie die Anforderungen an den Betrieb eines Heims nach diesem Gesetz erfüllen. Der Träger, die Leitung und die Pflegedienstleitung haben den zuständigen Behörden die für die Durchführung dieses Gesetzes und der aufgrund dieses Gesetzes erlassenen Rechtsverordnungen erforderlichen mündlichen und schriftlichen Auskünfte auf Verlangen und unentgeltlich zu erteilen. Die Aufzeichnungen nach § 13 Abs. 1 hat der Träger am Ort des Heims zur Prüfung vorzuhalten. Für die Unterlagen nach § 13 Abs. 1 Nr. 1 gilt dies nur für angemeldete Prüfungen.

(2) Die von der zuständigen Behörde mit der Überwachung des Heims beauftragten Personen sind befugt,

1. die für das Heim genutzten Grundstücke und Räume zu betreten; soweit diese einem Hausrecht der Bewohnerinnen und Bewohner unterliegen, nur mit deren Zustimmung,

2. Prüfungen und Besichtigungen vorzunehmen,

3. Einsicht in die Aufzeichnungen nach § 13 des Auskunftspflichtigen im jeweiligen Heim zu nehmen,

4. sich mit den Bewohnerinnen und Bewohnern sowie dem Heimbeirat oder dem Heimfürsprecher in Verbindung zu setzen,

5. bei pflegebedürftigen Bewohnerinnen und Bewohnern mit deren Zustimmung den Pflegezustand in Augenschein zu nehmen,

6. die Beschäftigten zu befragen.

Der Träger hat diese Maßnahmen zu dulden. Es steht der zuständigen Behörde frei, zu ihren Prüfungen weitere fach- und sachkundige Personen hinzuzuziehen. Diese sind zur Verschwiegenheit verpflichtet. Sie dürfen personenbezogene Daten über Bewohnerinnen und Bewohner nicht speichern und an Dritte übermitteln.

(3) Zur Verhütung dringender Gefahren für die öffentliche Sicherheit und Ordnung können Grundstücke und Räume, die einem Hausrecht der Bewohnerinnen und Bewohner unterliegen oder Wohnzwecken des Auskunftpflichtigen dienen, jederzeit betreten werden. Der Auskunftpflichtige und die Bewohnerinnen und Bewohner haben die Maßnahmen nach Satz 1 zu dulden. Das Grundrecht der Unverletzlichkeit der Wohnung (Artikel 13 Abs. 1 des Grundgesetzes) wird insoweit eingeschränkt.

(4) Die zuständige Behörde nimmt für jedes Heim im Jahr grundsätzlich mindestens eine Prüfung vor. Sie kann Prüfungen in größeren Abständen als nach Satz 1 vornehmen, soweit ein Heim durch den Medizinischen Dienst der Krankenversicherung geprüft worden ist oder ihr durch geeignete Nachweise unabhängiger Sachverständiger Erkenntnisse darüber vorliegen, dass die Anforderungen an den Betrieb eines Heims erfüllt sind. Das Nähere wird durch Landesrecht bestimmt.

(5) Widerspruch und Anfechtungsklage gegen Maßnahmen nach den Absätzen 1 bis 4 haben keine aufschiebende Wirkung.

(6) Die Überwachung beginnt mit der Anzeige nach § 12 Abs. 1, spätestens jedoch drei Monate vor der vorgesehenen Inbetriebnahme des Heims.

(7) Maßnahmen nach den Absätzen 1, 2, 4 und 6 sind auch zur Feststellung zulässig, ob eine Einrichtung ein Heim im Sinne von § 1 ist.

(8) Die Träger können die Landesverbände der Freien Wohlfahrtspflege, die kommunalen Spitzenverbände und andere Vereinigungen von Trägern, denen sie angehören, unbeschadet der Zulässigkeit unangemeldeter Prüfungen, in angemessener Weise bei Prüfungen hinzuziehen. Die zuständige Behörde soll diese Verbände über den Zeitpunkt von angemeldeten Prüfungen unterrichten.

(9) Der Auskunftpflichtige kann die Auskunft auf solche Fragen verweigern, deren Beantwortung ihn selbst oder einen der in § 383 Abs. 1 Nr. 1 bis 3 der Zivilprozessordnung bezeichneten Angehörigen der Gefahr strafgerichtlicher Verfolgung oder eines Verfahrens nach dem Gesetz über Ordnungswidrigkeiten aussetzen würde.

§ 16 Beratung bei Mängeln

(1) Sind in einem Heim Mängel festgestellt worden, so soll die zuständige Behörde zunächst den Träger über die Möglichkeiten zur Abstellung der Mängel beraten. Das Gleiche gilt, wenn nach einer Anzeige gemäß § 12 vor der Aufnahme des Heimbetriebs Mängel festgestellt werden.

(2) An einer Beratung nach Absatz 1 soll der Träger der Sozialhilfe, mit dem Vereinbarungen nach § 75 Abs. 3 des Zwölften Buches Sozialgesetzbuch bestehen, beteiligt werden. Er ist zu beteiligen, wenn die Abstellung der Mängel Auswirkungen auf Entgelte oder Vergütungen haben kann. Die Sätze 1 und 2 gelten entsprechend für Pflegekassen oder sonstige Sozialversicherungsträger, sofern mit ihnen oder ihren Landesverbänden Vereinbarungen nach den §§ 72, 75 oder 85 des Elften Buches Sozialgesetzbuch oder § 39a des Fünften Buches Sozialgesetzbuch bestehen.

(3) Ist den Bewohnerinnen und den Bewohnern aufgrund der festgestellten Mängel eine Fortsetzung des Heimvertrags nicht zuzumuten, soll die zuständige Behörde sie dabei unterstützen, eine angemessene anderweitige Unterkunft und Betreuung zu zumutbaren Bedingungen zu finden.

§ 17 Anordnungen

(1) Werden festgestellte Mängel nicht abgestellt, so können gegenüber den Trägern Anordnungen erlassen werden, die zur Beseitigung einer eingetretenen oder Abwendung einer drohenden Beeinträchtigung oder Gefährdung des Wohls der Bewohnerinnen und Bewohner, zur Sicherung der Einhaltung der dem Träger gegenüber den Bewohnerinnen und Bewohnern obliegenden Pflichten oder zur Vermeidung einer Unangemessenheit zwischen dem Entgelt und der Leistung des Heims erforderlich sind. Das Gleiche gilt, wenn Mängel nach einer Anzeige gemäß § 12 vor Aufnahme des Heimbetriebs festgestellt werden.

(2) Anordnungen sind so weit wie möglich in Übereinstimmung mit Vereinbarungen nach § 75 Abs. 3 des Zwölften Buches Sozialgesetzbuch auszugestalten. Wenn Anordnungen eine Erhöhung der Vergütung nach § 75 Abs. 3 des Zwölften Buches Sozialgesetzbuch zur Folge haben können, ist über sie Einvernehmen mit dem Träger der Sozialhilfe, mit dem Vereinbarungen nach diesen Vorschriften bestehen, anzustreben. Gegen Anordnungen nach Satz 2 kann neben dem Heimträger auch der Träger der Sozialhilfe Widerspruch einlegen und Anfechtungsklage erheben. § 15 Abs. 5 gilt entsprechend.

(3) Wenn Anordnungen gegenüber zugelassenen Pflegeheimen eine Erhöhung der nach dem Elften Buch Sozialgesetzbuch vereinbarten oder festgesetzten Entgelte zur Folge haben können, ist Einvernehmen mit den betroffenen Pflegesatzparteien anzustreben. Für Anordnungen nach Satz 1 gilt für die Pflegesatzparteien Absatz 2 Satz 3 und 4 entsprechend.

§ 18 Beschäftigungsverbot, kommissarische Heimleitung

(1) Dem Träger kann die weitere Beschäftigung der Leitung, eines Beschäftigten oder einer sonstigen Mitarbeiterin oder eines sonstigen Mitarbeiters ganz oder für bestimmte Funktionen oder Tätigkeiten untersagt werden, wenn Tatsachen die Annahme rechtfertigen, dass sie die für ihre Tätigkeit erforderliche Eignung nicht besitzen.

(2) Hat die zuständige Behörde ein Beschäftigungsverbot nach Absatz 1 ausgesprochen und der Träger keine neue geeignete Leitung eingesetzt, so kann die zuständige Behörde, um den Heimbetrieb aufrechtzuerhalten, auf Kosten des Trägers eine kommissarische Leitung für eine begrenzte Zeit einsetzen, wenn ihre Befugnisse nach den §§ 15 bis 17 nicht ausreichen und die Voraussetzungen für die Untersagung des Heimbetriebs vorliegen. Ihre Tätigkeit endet, wenn der Träger mit Zustimmung der zuständigen Behörde eine geeignete Heimleitung bestimmt; spätestens jedoch nach einem Jahr. Die kommissarische Leitung übernimmt die Rechte und Pflichten der bisherigen Leitung.

§ 19 Untersagung

(1) Der Betrieb eines Heims ist zu untersagen, wenn die Anforderungen des § 11 nicht erfüllt sind und Anordnungen nicht ausreichen.

(2) Der Betrieb kann untersagt werden, wenn der Träger

1. die Anzeige nach § 12 unterlassen oder unvollständige Angaben gemacht hat,

2. Anordnungen nach § 17 Abs. 1 nicht innerhalb der gesetzten Frist befolgt,

3. Personen entgegen einem nach § 18 ergangenen Verbot beschäftigt,

4. gegen § 14 Abs. 1, 3 oder Abs. 4 oder eine nach § 14 Abs. 7 erlassene Rechtsverordnung verstößt.

(3) Vor Aufnahme des Heimbetriebs ist eine Untersagung nur zulässig, wenn neben einem Untersagungsgrund nach Absatz 1 oder Absatz 2 die Anzeigepflicht nach § 12 Abs. 1 Satz 1 besteht. Kann der Untersagungsgrund beseitigt werden, ist nur eine vorläufige Untersagung der Betriebsaufnahme zulässig. Widerspruch und Anfechtungsklage gegen eine vorläufige Untersagung haben keine aufschiebende Wirkung. Die vorläufige Untersagung wird mit der schriftlichen Erklärung der zuständigen Behörde unwirksam, dass die Voraussetzungen für die Untersagung entfallen sind.

§ 20 Zusammenarbeit, Arbeitsgemeinschaften

(1) Bei der Wahrnehmung ihrer Aufgaben zum Schutz der Interessen und Bedürfnisse der Bewohnerinnen und Bewohner und zur Sicherung einer angemessenen Qualität des Wohnens und der Betreuung in den Heimen sowie zur Sicherung einer angemessenen Qualität der Überwachung sind die für die Ausführung nach diesem Gesetz zuständigen Behörden und die Pflegekassen, deren Landesverbände, der Medizinische Dienst der Krankenversicherung und die zuständigen Träger der Sozialhilfe verpflichtet, eng zusammenzuarbeiten. Im Rahmen der engen Zusammenarbeit sollen die in Satz 1 genannten Beteiligten sich gegenseitig informieren, ihre Prüftätigkeit koordinieren sowie Einvernehmen über Maßnahmen zur Qualitätssicherung und zur Abstellung von Mängeln anstreben.

(2) Sie sind berechtigt und verpflichtet, die für ihre Zusammenarbeit erforderlichen Angaben einschließlich der bei der Überwachung gewonnenen Erkenntnisse untereinander auszutauschen. Personenbezogene Daten sind vor der Übermittlung zu anonymisieren.

(3) Abweichend von Absatz 2 Satz 2 dürfen personenbezogene Daten in nicht anonymisierter Form an die Pflegekassen und den Medizinischen Dienst der Krankenversicherung übermittelt werden, soweit dies für Zwecke nach dem Elften Buch Sozialgesetzbuch erforderlich ist. Die übermittelten Daten dürfen von den Empfängern nicht zu anderen Zwecken verarbeitet oder genutzt werden. Sie sind spätestens nach Ablauf von zwei Jahren zu löschen. Die Frist beginnt mit dem Ablauf des Kalenderjahres, in dem die Daten gespeichert worden sind. Die Heimbewohnerin oder der Heimbewohner kann verlangen, über die nach Satz 1 übermittelten Daten unterrichtet zu werden.

(4) Ist die nach dem Heimgesetz zuständige Behörde der Auffassung, dass ein Vertrag oder eine Vereinbarung mit unmittelbarer Wirkung für ein zugelassenes Pflegeheim geltendem Recht widerspricht, teilt sie dies der nach Bundes- oder Landesrecht zuständigen Aufsichtsbehörde mit.

(5) Zur Durchführung des Absatzes 1 werden Arbeitsgemeinschaften gebildet. Den Vorsitz und die Geschäfte der Arbeitsgemeinschaft führt die nach diesem Gesetz zuständige Behörde, falls nichts Abweichendes durch Landesrecht bestimmt ist. Die in Absatz 1 Satz 1 genannten Beteiligten tragen die ihnen durch die Zusammenarbeit entstehenden Kosten selbst. Das Nähere ist durch Landesrecht zu regeln.

(6) Die Arbeitsgemeinschaften nach Absatz 5 arbeiten mit den Verbänden der Freien Wohlfahrtspflege, den kommunalen Trägern und den sonstigen Trägern sowie deren Vereinigungen,

den Verbänden der Bewohnerinnen und Bewohner und den Verbänden der Pflegeberufe sowie den Betreuungsbehörden vertrauensvoll zusammen.

(7) Besteht im Bereich der zuständigen Behörde eine Arbeitsgemeinschaft im Sinne von § 4 Abs. 2 des Zwölften Buches Sozialgesetzbuch, so sind im Rahmen dieser Arbeitsgemeinschaft auch Fragen der bedarfsgerechten Planung zur Erhaltung und Schaffung der in § 1 genannten Heime in partnerschaftlicher Zusammenarbeit zu beraten.

§ 21 Ordnungswidrigkeiten

(1) Ordnungswidrig handelt, wer vorsätzlich oder fahrlässig

1. entgegen § 12 Abs. 1 Satz 2 eine Anzeige nicht, nicht richtig oder nicht rechtzeitig erstattet,

2. ein Heim betreibt, obwohl ihm dies durch vollziehbare Verfügung nach § 19 Abs. 1 oder 2 untersagt worden ist,

3. entgegen § 14 Abs. 1 sich Geld- oder geldwerte Leistungen versprechen oder gewähren lässt oder einer nach § 14 Abs. 7 erlassenen Rechtsverordnung zuwiderhandelt, soweit diese für einen bestimmten Tatbestand auf diese Bußgeldvorschrift verweist.

(2) Ordnungswidrig handelt auch, wer vorsätzlich oder fahrlässig

1. einer Rechtsverordnung nach § 3 oder § 10 Abs. 5 zuwiderhandelt, soweit sie für einen bestimmten Tatbestand auf diese Bußgeldvorschrift verweist,

2. entgegen § 12 Abs. 4 Satz 1 eine Anzeige nicht, nicht richtig oder nicht rechtzeitig erstattet,

3. entgegen § 14 Abs. 5 Satz 1 sich Geld- oder geldwerte Leistungen versprechen oder gewähren lässt,

4. entgegen § 15 Abs. 1 Satz 5 eine Auskunft nicht, nicht richtig, nicht vollständig oder nicht rechtzeitig erteilt oder entgegen § 15 Abs. 2 Satz 2 oder Abs. 3 Satz 2 eine Maßnahme nicht duldet oder

5. einer vollziehbaren Anordnung nach § 17 Abs. 1 oder § 18 zuwiderhandelt.

(3) Die Ordnungswidrigkeit kann in den Fällen des Absatzes 1 mit einer Geldbuße bis zu fünfundzwanzigtausend Euro, in den Fällen des Absatzes 2 mit einer Geldbuße bis zu zehntausend Euro geahndet werden.

§ 22 Berichte

(1) Das Bundesministerium für Familie, Senioren, Frauen und Jugend berichtet den gesetzgebenden Körperschaften des Bundes alle vier Jahre, erstmals im Jahre 2004, über die Situation der Heime und die Betreuung der Bewohnerinnen und Bewohner.

(2) Die zuständigen Behörden sind verpflichtet, dem Bundesministerium für Familie, Senioren, Frauen und Jugend auf Ersuchen Auskunft über die Tatsachen zu erteilen, deren Kenntnis für die Erfüllung seiner Aufgaben nach diesem Gesetz erforderlich ist. Daten der Bewohnerinnen und Bewohner dürfen nur in anonymisierter Form übermittelt werden.
(3) Die zuständigen Behörden sind verpflichtet, alle zwei Jahre einen Tätigkeitsbericht zu erstellen. Dieser Bericht ist zu veröffentlichen.

§ 23 Zuständigkeit und Durchführung des Gesetzes

(1) Die Landesregierungen bestimmen die für die Durchführung dieses Gesetzes zuständigen Behörden.

(2) Mit der Durchführung dieses Gesetzes sollen Personen betraut werden, die sich hierfür nach ihrer Persönlichkeit eignen und in der Regel entweder eine ihren Aufgaben entsprechende Ausbildung erhalten haben oder besondere berufliche Erfahrung besitzen.

(3) Die Landesregierungen haben sicherzustellen, dass die Aufgabenwahrnehmung durch die zuständigen Behörden nicht durch Interessenkollisionen gefährdet oder beeinträchtigt wird.

§ 24 Anwendbarkeit der Gewerbeordnung

Auf die den Vorschriften dieses Gesetzes unterliegenden Heime, die gewerblich betrieben werden, finden die Vorschriften der Gewerbeordnung Anwendung, soweit nicht dieses Gesetz besondere Bestimmungen enthält.

§ 25 Fortgeltung von Rechtsverordnungen

Rechtsverordnungen, die vor Inkrafttreten dieses Gesetzes auf Grund des § 38 Satz 1 Nr. 10 und Sätze 2 bis 4 der Gewerbeordnung erlassen worden sind, gelten bis zu ihrer Aufhebung durch die Rechtsverordnungen nach den §§ 3 und 13 fort, soweit sie nicht den Vorschriften dieses Gesetzes widersprechen.

§ 25a Erprobungsregelungen

(1) Die zuständige Behörde kann ausnahmsweise auf Antrag den Träger von den Anforderungen des § 10, wenn die Mitwirkung in anderer Weise gesichert ist oder die Konzeption sie nicht erforderlich macht, oder von den Anforderungen der nach § 3 Abs. 2 erlassenen Rechtsverordnungen teilweise befreien, wenn dies im Sinne der Erprobung neuer Betreuungs- oder Wohnformen dringend geboten erscheint und hierdurch der Zweck des Gesetzes nach § 2 Abs. 1 nicht gefährdet wird.

(2) Die Entscheidung der zuständigen Behörde ergeht durch förmlichen Bescheid und ist auf höchstens vier Jahre zu befristen. Die Rechte zur Überwachung nach den §§ 15, 17, 18 und 19 bleiben durch die Ausnahmegenehmigung unberührt.

§ 26 Übergangsvorschriften

(1) Rechte und Pflichten aufgrund von Heimverträgen, die vor dem Inkrafttreten dieses Gesetzes geschlossen worden sind, richten sich vom Zeitpunkt des Inkrafttretens des Gesetzes an nach dem neuen Recht.

(2) Eine schriftliche Anpassung der vor Inkrafttreten dieses Gesetzes geschlossenen Heimverträge an die Vorschriften dieses Gesetzes muss erst erfolgen, sobald sich Leistungen oder Entgelt aufgrund des § 6 oder § 7 verändern, spätestens ein Jahr nach Inkrafttreten dieses Gesetzes.

(3) Ansprüche der Bewohnerinnen und Bewohner sowie deren Rechtsnachfolger aus Heimverträgen wegen fehlender Wirksamkeit von Entgelterhöhungen nach § 4c des Heimgesetzes in der vor dem Inkrafttreten dieses Gesetzes geltenden Fassung können gegen den Träger nur innerhalb von drei Jahren nach Inkrafttreten dieses Gesetzes geltend gemacht werden.

Anhang EV Auszug aus EinigVtr Anlage I Kap. X Sachgebiet H Abschnitt III
(BGBl. II 1990, 889, 1096)

Bundesrecht tritt in dem in Artikel 3 des Vertrages genannten Gebiet mit folgenden Maßgaben in Kraft:

...

12. Heimgesetz in der Fassung der Bekanntmachung vom 23. April 1990 (BGBl. I S. 763, 1069)

mit folgender Maßgabe:

Heimverhältnisse, die beim Wirksamwerden des Beitritts bestehen, richten sich von diesem Zeitpunkt an nach dem neuen Recht.

www.ingramcontent.com/pod-product-compliance
Lightning Source LLC
Chambersburg PA
CBHW051405200326
41520CB00024B/7507